LA GUERRA DE LA VENDÉE

La insurrección contrarrevolucionaria francesa de 1793

Por Mélanie Mettra
En colaboración con Bruno Tabuteau
Traducido por Laura Soler Pinson

Historia 50MINUTOS.es

LA GUERRA DE LA VENDÉE

DATOS CLAVE

- **¿Cuándo?** De 1793 a 1796.
- **¿Dónde?** En los departamentos del oeste de Francia (Vendée, Deux-Sèvres, Maine y Loira, Loira Inferior —el actual Loira Atlántico—).
- **¿Contexto?** La Revolución francesa (1789-1799).
- **¿Beligerantes?** Los insurrectos vandeanos, apodados «los Blancos», contra los Ejércitos nacionales republicanos, llamados «los Azules».
- **¿Principales protagonistas?**
  - Jean-Nicolas Stofflet, general vandeano (1753-1796).
  - Jacques Cathelineau, generalísimo vandeano (1759-1793).
  - François Athanase Charette de la Contrie, generalísimo vandeano (1763-1796).
  - Henri du Vergier, conde de La Rochejaquelein, generalísimo vandeano (1772-1794).

    ◦ Jean-Baptiste Kléber, general republicano (1753-1800).
    ◦ Louis-Marie Turreau, general republicano (1756-1816).
    ◦ Lazare Hoche, general republicano (1768-1797).
- **¿Resultado?** Victoria republicana.
- **¿Víctimas?**
    ◦ Bando de los sublevados: entre 100 000 y 150 000 muertos.
    ◦ Bando del Ejército republicano: entre 50 000 y 150 000 muertos.

INTRODUCCIÓN

La guerra de la Vendée impregna el imaginario desde hace más de 2 siglos a través de una rica iconografía heroica y realista. Los retratos de los jefes vandeanos y las escenas de batalla conforman el relato de un periodo de 3 años que se extiende de 1793 a 1796, en plena Revolución francesa. La sublevación de los habitantes de los departamentos del oeste de Francia, que con este motivo se llaman «la Vendée militar», contra las tropas republicanas simboliza todas las contrarrevoluciones que abundaron a finales del siglo XVIII y principios del XIX.

En estas regiones con un marcado carácter rural, que en un primer momento se muestran favorables a los principios originales de la Revolución, la importancia de la religión católica y el rechazo al reclutamiento obligado de hombres para servir en las guerras revolucionarias provocan un sentimiento comunitario muy fuerte, que se encuentra en la raíz del conflicto. Los habitantes de la Vendée, y también de los departamentos atravesados por el Loira, de Bretaña y de Mayena forman ejércitos para enfrentarse a las tropas republicanas en una guerra civil que opone a los «Blancos» y a los «Azules» en batallas cortas, violentas, marcadas por una represión feroz que ejercen los representantes de la Convención Nacional. No obstante, las masacres, las epidemias y el cansancio acaban derrotando a los insurrectos, que se doblegan en 1796 ante las fuerzas republicanas. Se producen nuevas sublevaciones en 1799 que sacuden el oeste del país, y también en 1815, pero en 1832, los intentos de la duquesa de Berry (1798-1870) no lograrán despertar a una Vendée que ha sido pacificada por un tiempo.

CONTEXTO

EL CAMINO HACIA LA REPÚBLICA

Tras la efervescencia de los inicios de la Revolución, en seguida se viven tensiones religiosas, sociales y políticas extremas en Francia. La esperanza que surge del movimiento revolucionario desaparece rápidamente. Se han prometido unos cambios que no llegan y la población no tarda en mostrar su descontento con la situación.

La Constitución Civil del clero, votada el 12 de julio de 1790 por la Asamblea Constituyente, incrementa aún más la ira del pueblo. Este texto, que exige que los miembros del clero presten juramento de lealtad a la Nación, a la ley y al rey, divide a la vez al clero y a la población. A los sacerdotes que se niegan a plegarse ante él —muy numerosos en el oeste de Francia (en torno a un 60 %)— se los empieza a calificar como «refractarios», pero todavía no sufren sanciones. De hecho, algunos consideran que esta nueva ley emana de los protestantes, algo que reaviva el conflicto entre estos y los católicos en las regiones en las que el entramado de iglesias constituye el núcleo de la sociabilidad.

Al mismo tiempo, en el país se producen levantamientos populares debido a crisis de subsistencia. La falta de productos alimentarios y la carestía despiertan la ira de la población contra los aristócratas, los comerciantes y los propietarios, acusados de acaparar los víveres y de especular con su venta. Los bienes eclesiásticos, de los que a veces podían sacar provecho las poblaciones rurales pobres, se confiscan en 1789 y se convierten en bienes nacionales que monopolizan las élites urbanas.

La política también está agitada por desacuerdos en la Asamblea Constituyente. De hecho, estas tensiones —que son numerosas, sobre todo en lo que respecta al estatus del rey— se encuentran en la raíz de las nociones políticas de derecha, de izquierda y de centro. En la primavera de 1791, un decreto impide que Luis XVI (1754-1793) se aleje de París. La familia real hace caso omiso y, en la noche del 20 al 21 de junio, huye en dirección a Montmédy, con la esperanza de reclutar tropas para entrar en París o de cruzar la frontera. Esta huida provoca la radicalización del movimiento revolucionario e intensifica el nuevo sentimiento republicano, una emoción que la Asamblea Constituyente no comparte. Luis XVI, detenido en Varennes, llevado de vuelta a París y rehabilitado en sus funciones por la Asamblea, acepta la Constitución el 13 de septiembre de 1791: a partir de ese momento, Francia se convierte en una monarquía constitucional. Pero la relación entre el rey y los diputados sigue siendo tensa. La situación empeora con la guerra contra los prusianos y contra los austriacos, que reciben el apoyo del rey y cuyas tropas se acercan peligrosamente a la capital.

En la primavera de 1792, la Asamblea Legislativa promulga decretos con respecto a:

- los sacerdotes refractarios que, a partir de ese punto, son perseguidos;
- la disolución de la Guardia Real;
- la convocatoria de una nueva federación.

El rey pone su veto, lo que subleva a la Comuna insurreccional, que inicia el asalto a las Tullerías y que desea derrocar al rey (9-10 de agosto de 1792). La nueva Asamblea Legislativa suspende los poderes del monarca y, el 13 de agosto, la familia real es encerrada en el Temple. Pero la lentitud de las medidas que adopta la Asamblea y la marcha inexorable de las tropas enemigas llevan a un estallido de la violencia en la capital francesa, episodio conocido como «las masacres de septiembre». El 22 de septiembre de 1792, se proclama la República.

EL TERROR Y LA POLÍTICA DE LA REPRESIÓN

Al igual que su predecesora, la nueva Asamblea llamada Convención vive la agitación y las divergencias entre unas fuerzas políticas nuevas, con los *brissotins* (que a partir de mediados del siglo XIX se llaman «girondinos») por una parte y los montañeses por otra. Se enfrentan en las tribunas, bajo la presión de una población parisina activa y virulenta que se reúne en torno a los grupos políticos que forman las secciones. Además de la redacción de una nueva Constitución, la Convención tiene la ardua tarea de supervisar el futuro de Luis XVI. El 7 de noviembre de 1792, Jean-Baptiste Mailhe (1750-1834), ponente del Comité Legislativo de la Asamblea, solicita que se enjuicie al rey. Tras unos debates acalorados en los que se trata la inviolabilidad de la figura del rey, se adopta el auto de acusación y Luis XVI comparece ante la Convención el 11 de diciembre. Los miembros de la Asamblea vuelven a dividirse entre los montañeses, que desean la muerte de rey, y los girondinos —entre otros—, que temen las consecuencias de una decisión de este calibre. El 15 de enero de 1793, se celebra el voto sobre la culpabilidad y la pena del monarca. Aunque casi todos los diputados están de acuerdo con respecto a la culpabilidad, la ejecución se vota con 433 votos contra 288. El rey es guillotinado el 21 de enero.

En seguida, la Convención retoma su trabajo para elaborar una nueva Constitución. Pero los altercados populares, el temor a que el difunto rey sea considerado un mártir y la guerra contra las coronas europeas estremecidas por la ejecución del monarca francés debilitan a la República, que se crispa con sus posturas y radicaliza su acción. El Comité de Salvación Pública, encargado de dirigir la política dictada por la Convención, se crea el 6 de abril de 1793, mientras que el Comité de Seguridad General, instaurado por la Asamblea Legislativa en 1792, se ocupa de los arrestos, de las puestas en libertad, de los procesos judiciales ante el Tribunal Revolucionario, que nace el 10 de marzo de 1793 y juzga los crímenes de los contrarrevolucionarios. Fiel en un primer momento a algunos de los principios jurídicos de la Constituyente, se reorganiza en junio de 1794. Entonces, desaparecen los defensores de los acusados y el recurso a los testigos; la sanción es simple: absolución o condena a muerte. A nivel local, junto a los comités revolucionarios existen también las comisiones militares y los representantes en misión, uno de los instrumentos del Terror (política sistemática de represión extrema que tiene por objeto erradicar a todos los enemigos de la República en todo el territorio francés).

Pero algunas disensiones, tanto acerca de la represión profunda como acerca de la política económica, sacuden al Comité de Salvación Pública y a la Asamblea. El 9 de termidor (27 de julio de 1794), Maximilien Robespierre (político francés, 1758-1794), abucheado en la Convención por su apoyo al Terror, es detenido tras el voto de un auto de acusación contra su persona. Es ejecutado al día siguiente. A continuación, se produce una purga de sus afines y del personal robespierrista, entre los que se encuentra Jean-Baptiste Carrier (1756-1794), el representante en misión en Nantes, que ha perpetrado ahogamientos y fusilamientos masivos. Los comités y los tribunales revolucionarios son destituidos y la mayor parte de los sospechosos son puestos en libertad. El 10 de enero de 1795 se vota la posibilidad de que vuelvan los *émigrés*, «emigrados» (sobre todo nobles que temen por su vida y que se exilian en las cortes europeas) que se habían ido después del 31 de mayo de 1793 y, el 21 de febrero, se restablece la libertad de culto. Aunque estas medidas están destinadas a restablecer una República más pacífica, lo cierto es que animan a la violencia de los contrarrevolucionarios contra los actores del Terror, reales o simples sospechosos. La república termidoriana (1794-1799), que se esfuerza por mantener la templanza, tiene que enfrentarse a su vez a la represión de las sublevaciones del Terror Blanco (es decir, el que ejercen los realistas).

El 22 de agosto de 1795, la Convención adopta la nueva Constitución. Francia entra entonces en el Directorio (1795-1799), cuyo lema es la pacificación y el restablecimiento del orden cívico y político en el país, acompañado por una política económica más liberal.

FRANCIA EN GUERRA

A partir de 1792, Francia, que no se contenta con tener que enfrentarse a las guerras internas, también tiene que hacer frente a enemigos en sus fronteras. El 20 de abril de 1792, la Asamblea Legislativa declara la guerra a Austria.

Hasta el mes de agosto, el Ejército francés, que lucha en las fronteras del norte, es derrotado por las tropas austro-prusianas. El duque de Brunswick (general prusiano, 1735-1806) toma Verdún el 2 de septiembre de 1792, lo que le allana el camino hacia París. La victoria francesa en Valmy, el 20 de septiembre, frena su avance y libera Verdún. En el sur de Francia, Saboya y el condado de Niza son ocupados y anexionados por Francia.

Prusia y Austria, a las que se les unen en 1793 Inglaterra, Países Bajos y, más adelante, España, Portugal, Cerdeña, Dos Sicilias y los Estados Pontificios, forman una primera coalición que adquiere una ventaja sobre Francia hasta el otoño de 1793. Pero esta última gana las batallas de Hondschoote (8 de septiembre), de Wattignies (15-16 de octubre) y de Fleurus (26 de junio de 1794), con lo que conquista Bélgica y Holanda y provoca el final de la primera coalición.

Por su parte, Austria e Inglaterra no abandonan la escena bélica, pero la primera nación es derrotada por las tropas de Napoleón Bonaparte (futuro emperador de los franceses, 1769-1821) durante la campaña de Italia (1796-1797) y termina por firmar el Tratado de Campoformio, el 18 de octubre de 1797, que pone un punto final por primera vez a la guerra franco-prusiana. La segunda nación se queda sola en liza. No tarda en volver a formar una segunda coalición a partir de 1798 y hasta 1799. A partir de 1800, Inglaterra vuelve a verse sola en la lucha tras la rendición de sus aliados.

Esta guerra casi constante plantea el problema fundamental del reclutamiento de las tropas. De hecho, en 1790, el Ejército real francés es deficiente: muchos soldados han desertado y muchos oficiales han emigrado. Por consiguiente, la Constituyente organiza levas de voluntarios. Primero lo hace entre los guardias nacionales (cuerpo creado en 1789) y, después, entre la población civil. Con el paso del tiempo, estas se multiplican y se intensifican, y se basan cada vez menos en el voluntariado y más en la movilización y en el poco popular sorteo. En febrero de 1793, a cada departamento se le impone una ratio de hombres solteros o viudos de entre 18 y 40 años, entre los que se puede escoger. En agosto de 1793, se moviliza a todos los solteros y viudos de 18 a 25 años. 2 años más tarde, se instaura el reclutamiento: cuando los hombres cumplen 20 años, son inscritos en listas de combate hasta sus 25 años, lo que significa que, en tiempos de guerra, pueden ser llamados en cualquier momento. Esta medida muy impopular se encuentra en la raíz de muchos motines y actos de resistencia en la población y en el propio Ejército, en el que se producen muchas deserciones.

En una Vendée que ya hierve con los descontentos relacionados con una distribución injusta de los impuestos y con la Constitución Civil del clero, algo que encuentra una feroz oposición, el reclutamiento masivo del mes de marzo de 1793 que exige la Convención enciende la mecha y marca el principio de lo que se llamará la guerra de la Vendée.

El reclutamiento de los futuros soldados, que primero se basa en el voluntariado, se modifica en 1793 frente a la amenaza de las tropas austro-prusianas. A partir de ese momento, cualquier hombre con una edad comprendida entre 18 y 40 años y que esté soltero puede ser llamado para servir a su país. Se establece un número preciso de hombres que cada departamento tiene que reclutar, que se correspondan a las necesidades del Ejército en un momento dado. Para escogerlos, las autoridades locales celebran un sorteo a partir de las listas en las que figuran los nombres de los hombres que son declarados aptos para el combate. Con todo, los que eran designados y que tenían medios podían pagar a un sustituto, que se iba a luchar en su lugar. El día del sorteo en la comuna de Saint-Florent-le-Vieil (Maine y Loira) se producen los primeros altercados.

PROTAGONISTAS PRINCIPALES

LOS JEFES VANDEANOS

Son de origen plebeyo o noble. Los primeros participan en los levantamientos del 12 de marzo de 1793, después de que la Convención estipule el reclutamiento en masa. A continuación, las tropas recién formadas llaman a los segundos para organizarlos y dirigirlos.

Jacques Cathelineau, generalísimo vandeano

Nacido en 1759 en el departamento de Maine y Loira, Jacques Cathelineau proviene de una familia de pequeños notables locales. Él mismo es conductor-vendedor ambulante, mientras que su padre y sus hermanos son albañiles. Desde hace varias generaciones, la familia está muy arraigada en la parroquia y ocupa una posición central de una auténtica red comunitaria que se ha ido tejiendo durante generaciones. A su vez, Jacques Cathelineau se implica realmente en la vida religiosa y política del municipio y, a menudo, se apela a él para que medie en asuntos públicos o privados. Cuando en el mes de marzo de 1793 estallan los primeros motines en Saint-Florent-le-Vieil, reúne a 27 hombres de Pin-en-Mauge para dirigirse al municipio, entre los que se encuentran sobre todo artesanos del sector textil. Aunque algunos se ven afectados por el sorteo, otros no, pero siguen a Jacques Cathelineau por lealtad. Primero, van a Saint-Florent, después a Jallais y a Chemillé, y a su paso reclutan a un grupo de campesinos y recuperan las armas de los enemigos a los que derrotan. A la cabeza de 3000 hombres, se une a Jean-Nicolas Stofflet, con quien toma Cholet el 15 de marzo de 1793. Vence a los republicanos el 5 de mayo en Thouars, donde logra atravesar las murallas con sus tropas, y ocupa Saumur el 9 de junio con Jean-Nicolas Stofflet, el conde de La Rochejaquelein y el marqués de Lescure (1766-1793). El 12 de junio, este último y Maurice Gigost d'Elbée (1752-1794) lo nombran generalísimo del Ejército Católico y Real. El 29 de junio, resulta gravemente herido durante el asalto contra Nantes. Su muerte sacude a sus tropas hasta tal punto que renuncian a seguir en combate. Su valentía y su piedad le valen el apodo del «santo de Anjou» e, incluso, se lleva a cabo un proceso de canonización que, finalmente, no puede completarse.

Jean-Nicolas Stofflet, general vandeano

Jean-Nicolas Stofflet, nacido en 1753 en Meurthe-et-Moselle, es oficial del rey. Primero sirve como instructor de los gendarmes de Lorena y en 1787 su coronel, el conde Colbert de Maulevrier (1758-1820), lo envía a sus tierras, en Anjou, para que ocupe el puesto de guardabosques. Durante las Jornadas de Febrero, cuando tienen que elaborarse las listas de leva para las guerras revolucionarias, forma parte de los amotinados de Maulévrier y de Yzernay (Maine y Loira) y se une a las tropas lideradas por Jacques Cathelineau. A continuación, tanto él como sus hombres se ponen a las órdenes de Maurice Gigost d'Elbée, quien lo nombra general mayor. Sigue al conde de La Rochejaquelein durante su marcha hacia Granville y, cuando muere el generalísimo, se convierte en comandante del Ejército de Anjou y de Haut Poitou. Tras la derrota vandeana de finales de 1793, se repliega en su cuartel general del bosque de Vezins. Los intentos de alianza con François Athanase Charette fracasan y, dado que el movimiento de sublevación ya no es lo suficientemente importante para enfrentarse a los republicanos, firma el Tratado de Saint-Florent-le-Vieil el 2 de mayo de 1795, que resulta favorable para los insurrectos. No obstante, tras negarse a seguir a François Athanase Charette en agosto y acudiendo a la llamada del conde de Artois (Carlos de Borbón, futuro Carlos X, 1757-1836), que quiere volver del exilio, retoma las armas con el título de teniente general. Pero obtiene un apoyo escaso de la población y los republicanos lo arrestan el 24 de febrero de 1796 en la granja de Saugrenière, probablemente a consecuencia de una emboscada urdida por su consejero, el abate Étienne-Alexandre Bernier (1762-1806). Es fusilado en Angers al día siguiente.

Henri du Vergier, conde de La Rochejaquelein, generalísimo vandeano

Henri du Vergier, conde de La Rochejaquelein, nacido en 1772 en el departamento de Deux-Sèvres, ingresa en el regimiento de caballería Royal-Pologne, junto a su padre, que es coronel. Este último emigra, pero Henri du Vergier se queda en Francia y, en 1791, abandona a los cazadores de Flandes para formar parte de la guardia constitucional del rey. Participa en su defensa durante el ataque a las Tullerías el 10 de agosto de 1792.

Tras el arresto de Luis XVI, se retira a Clisson (en el departamento actual de Loira Atlántico), en las tierras de su primo, el marqués de Lescure. Este ferviente defensor de la monarquía no participa en las primeras sublevaciones del mes de marzo de 1793, pero los insurgentes apelan a él para que se sitúe a la cabeza de sus tropas. Juntos se dirigen primero a Bressuire, ciudad que toman el 2 de mayo, y se unen a Charles Melchior Artus de Bonchamps (1760-1793) y a Maurice Gigost d'Elbée a las riendas del Ejército de Anjou y de Haut Poitou para tomar Fontenay (24 de mayo), Saumur (9 de junio) y Chantonnay (4 de septiembre). Pero, el 17 de octubre de 1793, sufren una severa derrota en Cholet frente a los republicanos. El marqués de Lescure, que resulta herido de muerte en la batalla de La Tremblaye, le confía la función de generalísimo del Ejército Católico y Real.

| Cuadro de Jules Girardet de 1882 que muestra cómo el general Lescure, herido, cruza el Loira.

A la cabeza de estas tropas, atraviesa el Loira para llegar a Bretaña y a Mayena, donde espera encontrar apoyo para unir París a su causa y restablecer la monarquía. Al principio, cosecha victorias, pero no logra tomar Granville. Se ve obligado a volver sobre sus pasos, con un ejército diezmado y asolado por las epidemias y por el hambre, y sufre grandes derrotas en Le Mans (12 de diciembre de 1793) y en Savenay (23 de diciembre). Termina por perder al resto de sus hombres al cruzar el Loira.

Frente a la gran dificultad que representa reconstruir un ejército, sigue oponiéndose a los republicanos con escaramuzas. Muere en febrero de 1794 en Nuaillé, con 21 años, en un último intento de retomar Cholet. Tanto aliados como adversarios lo describen como un joven con un temperamento impetuoso e, incluso, temerario. Su juventud y su combatividad fueron inmortalizadas en el retrato que pinta Pierre-Narcisse, barón de Guérin (pintor francés, 1774-1833).

François Athanase Charette de la Contrie, generalísimo vandeano

François Athanase Charette, hijo de un pequeño noble sin dinero que cuenta con una trayectoria militar, nace en 1763 en Loira Atlántico. Abraza la carrera militar y entra en la Marina. Su servicio lo lleva hasta América y Rusia. Cuando estalla la Revolución, emigra durante un tiempo a Prusia, pero vuelve rápidamente y apoya a la familia real durante la jornada del 10 de agosto de 1792. Es arrestado en Angers y puesto en libertad, y vuelve a su casa, cerca de Challans (Vendée). Al igual que el conde de La Rochejaquelein, no participa por propia iniciativa en los primeros altercados del mes de marzo de 1793. Son los campesinos de la marisma de Bretaña los que vienen a buscarlo para ponerlo a la cabeza tras las masacres de Machecoul (masacre de los notables republicanos de la ciudad a manos de los insurgentes vandeanos durante varios días).

| Cuadro que muestra las masacres de Machecoul, pintado por François Flameng (1856-1923) en 1884.

Al principio se muestra dubitativo, pero termina por aceptar y recluta a un ejército a partir de tropas mal armadas y mal organizadas. Participa en la toma de Saumur y de Nantes junto al Ejército Católico y Real del conde de La Rochejaquelein, pero se desvincula rápidamente de los demás jefes vandeanos y no participa en el Giro de la Galerna. Ocupa la isla de Noirmoutier el 12 de octubre de 1793, posición estratégica desde donde espera recibir refuerzos por parte de los emigrados y de los ingleses. Durante 18 meses, lidera su propia guerra en el País de Retz contra el general republicano François-Nicolas-Benoît Haxo (1774-1838). Este último lo hostiga y, dado que tiene dificultades para volver a formar sus tropas, acepta las condiciones del tratado de paz de la Jaunaie, firmado el 17 de febrero de 1795. No obstante, vuelve a tomar las armas a partir del mes de junio, cuando se produce el desembarco de Quiberon, con el que alberga la esperanza de recibir refuerzos del Ejército inglés y el apoyo del conde de Artois. Pero la expedición de Quiberon se salda con un fracaso y las tropas lideradas por François Athanase Charette se van desmantelando progresivamente. Es arrestado el 24 de marzo de 1796 y es fusilado 4 días más tarde en Nantes.

LOS GENERALES REPUBLICANOS

La Convención contiene las sublevaciones de la Vendée con la ayuda de distintos cuerpos del Ejército: el Ejército de las Costas de Brest y de Cherburgo, el Ejército de las Costas de La Rochela, el Ejército de Maguncia y, para acabar, el Ejército del Oeste, que se crea específicamente a partir de los anteriormente citados. Los dos primeros, encargados de proteger las costas, se dividen para cubrir todo el escenario de la revuelta, ya que los campos de batalla están esparcidos por el territorio vandeano y la parte de la Baja Bretaña. Por lo tanto, existen varias tropas republicanas, igual que tampoco existe un único ejército insurrecto, algo que explica el gran número de generales en ambos bandos.

Jean-Baptiste Kléber, general republicano

Jean-Baptiste Kléber, nacido el 9 de marzo de 1753 en Estrasburgo e hijo de un obrero excavador, se enrola con 16 años en el Primer Regimiento de Húsares y, a continuación, en el Ejército austriaco. En 1792, entra en el Ejército del Rin y destaca en la defensa de Maguncia. Más adelante, en septiembre de 1793, se envía a su brigada para apoyar los ejércitos de Jean Baptiste Canclaux y de Jean-Michel Beysser en la represión de la sublevación vandeana. Derrotado en Tiffauges el 19 de septiembre, participa en la batalla de Cholet contra el Ejército Católico y Real, al que vence y al que obliga a cruzar el Loira. Le cuesta mucho contener a las tropas vandeanas en el camino de Granville y solo logra triunfar sobre ellas cuando se retiran, diezmándolas hasta la batalla de Savenay (23 de diciembre de 1793). Se convierte en comandante supremo del Ejército del Oeste, sustituyendo a François Séverin Marceau (1769-1796), pero a principios del mes de enero de 1794 es sustituido por Louis-Marie Turreau. Aunque no se muestra muy partidario de la estrategia de este último, se queda en la Vendée hasta mayo y, a continuación, se va a servir en el Ejército del Norte. Sigue a Napoleón Bonaparte hasta Egipto en 1798, ocupa el cargo de comandante supremo tras la salida de este último y es asesinado en El Cairo el 14 de junio de 1800.

Louis-Marie Turreau, general republicano

Louis-Marie Turreau, nacido en Évreux en 1756, entra en el ejército como guarda suplente del cuerpo del conde de Artois. Este ferviente revolucionario desde 1789 lucha en las fronteras del norte a partir de 1792 a la cabeza de los voluntarios de Eure y, a continuación, se enrola en el Ejército de Mosela. En 1793, es llamado para entrar en el Ejército de las Costas de La Rochela, adonde acude a regañadientes, y allí se queda unas semanas antes de ser nombrado a la cabeza del Ejército de los Pirineos Orientales que lucha contra España. En agosto de 1793, vuelve a ser nombrado a la cabeza del nuevo Ejército del Oeste, pero no acude hasta diciembre, cuando los vandeanos han sido aplastados en Savenay. Frente al silencio de la Convención y de los representantes en misión a los que apela, Turreau, que duda sobre los métodos de pacificación, opta por una represión feroz, basándose en los decretos de aniquilamiento que adopta la Convención en agosto y en octubre de 1793. Organiza a sus tropas en columnas y masacra a entre 20 000 y 40 000 personas entre los meses de enero y abril. Pero la impopularidad creciente de sus métodos extremos y su incapacidad para poner punto final al movimiento de rebelión lo llevan a ser suspendido de sus funciones el 13 de mayo de 1794. Arrestado el 28 de septiembre tras la caída de Robespierre y amnistiado el 19 de noviembre, se enrola en el Ejército de Sambre-et-Meuse en 1797. Ocupa de forma sucesiva el cargo de comandante del Ejército de Valais en Suiza, del Ejército del Danubio con el Consulado, es designado embajador en Estados Unidos con el Imperio y será nombrado barón por Napoleón I. Recibe el título de caballero de la orden de San Luis de manos de Luis XVIII (1755-1824) y muere retirado en su propiedad normanda de Conches en 1816.

Lazare Hoche, general republicano

Lazare Hoche, nacido en Versalles en 1768, es el hijo de un palafrenero de las caballerizas reales. Él mismo ocupa este puesto con 14 años y, 2 años más tarde, se enrola como soldado en las guardias francesas. En seguida destaca por sus cualidades y recibe el mando del Ejército de Mosela en 1793, tras haber defendido Dunkerque contra los ingleses. Lucha contra el ejército austro-prusiano y es encarcelado en París en el mes de marzo de 1794, por traición por pertenecer al Club de los Cordeleros (club revolucionario). Es liberado en agosto de 1794, tras la muerte de Robespierre, y se le sitúa a la cabeza del Ejército del Oeste.

Corta con los métodos de sus predecesores y pacifica la Vendée, además de lograr contener la revuelta de los chuanes, con lo que obtiene los favores de la población.

Lazare Hoche contribuye a la firma del Tratado de la Jaunaie con François Athanase Charette, del de la Prevalaye con una parte de la chuanería (abril de 1795) y del de Saint-Florent con Jean-Nicolas Stofflet. Triunfa durante el desembarco de los emigrados y durante la sublevación de François Athanase Charette en Quiberon (21 de julio de 1795). Es enviado a Irlanda para participar en un desembarco contra los ingleses, fracasa y es nombrado general jefe del Ejército de Sambre-et-Meuse en febrero de 1797. Vence a las tropas austro-prusianas en una gran cantidad de ocasiones y es nombrado ministro de Guerra, pero decide volver a Alemania. Muere súbitamente con 29 años, en 1797.

Aunque la chuanería y la insurrección vandeana tienen puntos en común (como los motivos de las revueltas y la composición de las tropas) y se han apoyado mutuamente y han participado juntas en algunas batallas, no hay que confundirlas. Primero, porque no atañen a las mismas regiones: la revuelta vandeana nace al sur del Loira, mientras que la chuanería afecta al Maine, a la Bretaña, a la Baja Normandía y a una parte de la Touraine. Además, no se articulan de la misma manera: la chuanería, menos aristocrática, menos organizada, no es un ejército, al contrario de lo que ocurre con las tropas vandeanas, sino más bien una serie de bandas lideradas por jefes locales. Para acabar, sus medios de acción también difieren: la chuanería apenas está armada y sus operaciones consisten fundamentalmente en lo que actualmente denominaríamos guerrillas: acoso, emboscadas, ataques por sorpresa, asesinatos, etc. Se firma un primer tratado de paz entre los republicanos y los chuanos en abril de 1795 (Tratado de la Prevalaye), pero al igual que los vandeanos, los chuanos siguen sublevándose con frecuencia a lo largo de la primera mitad del siglo XIX.

ANÁLISIS DE LA GUERRA

LA INSURRECCIÓN VANDEANA Y LA MARCHA TRIUNFAL

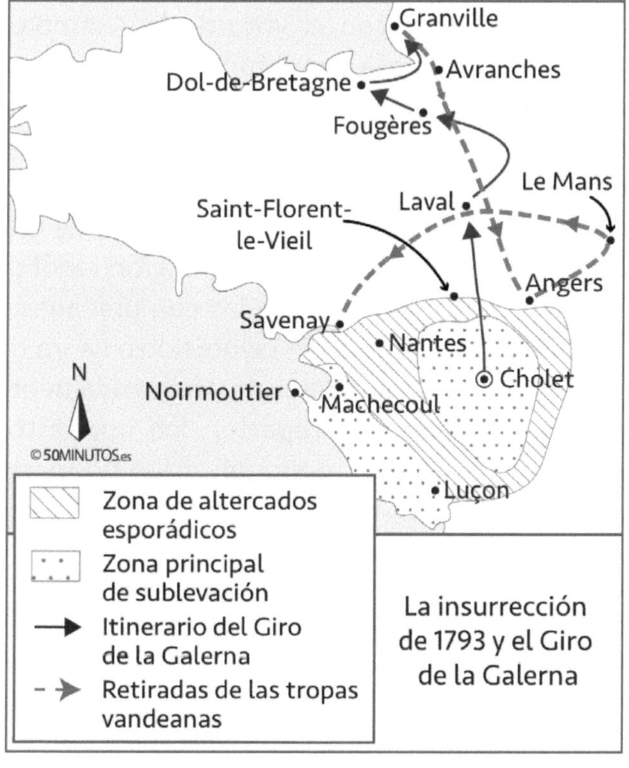

La insurrección de 1793 y el Giro de la Galerna

En 1789, las poblaciones del oeste de Francia participan activamente en la redacción de cuadernos de quejas, al igual que en todo el país. Aunque no son fervientes defensores de la Revolución que se inicia en París, los territorios vandeano y bretón tampoco se oponen. Los primeros movimientos de protesta que se producen en la región están más relacionados con el voto de la Asamblea Constituyente para la Constitución Civil del clero, el 12 de julio de 1790. En las regiones que se encuentran a orillas del Loira y en la costa atlántica, la mayoría de los sacerdotes se niega a prestar juramento y obtiene un respaldo masivo de una población que considera que la religión católica es a la vez un vínculo entre las comunidades y un apoyo para los más desfavorecidos. La ira de los habitantes va aumentando progresivamente con las reformas que reparten los impuestos injustamente y con la monopolización por parte de las familias más ricas de los bienes nacionales (antiguas posesiones de la Iglesia). Pero la gota que colma el vaso llega cuando la Convención decide reclutar masivamente a 300 000 hombres en enero de 1793 para luchar en los frentes del este. La decisión atiza el fuego de la ira de una población que ya estaba dispuesta a sublevarse.

Entonces, el 12 de marzo de 1793, varios miles de personas invaden Saint-Florent-le-Vieil. En el municipio de Machecoul, la situación también es crítica: una rebelión masacra a los empleados republicanos, los sacerdotes que han prestado juramento, los oficiales municipales y los guardias nacionales. El 14 de marzo, Jallais es tomada por entre 300 y 400 hombres, liderados por Jacques Cathelineau, y el 15, casi 10 000 hombres invaden Cholet, defendida tan solo por 400 guardias nacionales. El 19 de marzo, la columna republicana de 3000 soldados dirigida por el general Louis Henri François de Marcé (1731-1794) es reducida a cenizas en la batalla de Pont Charrault.

Mientras en Bretaña se restablece la calma enérgicamente a manos de las tropas del Ejército de las Costas de Brest de Jean-Baptiste de Canclaux, al sur del Loira, en lo que no tardará en llamarse la «Vendée militar», las bandas del País de Retz y de Anjou, respaldadas por sus victorias, se reagrupan. Están lideradas por nobles de la región, que a menudo son antiguos oficiales, para organizar auténticos ejércitos:

- el Ejército Católico y Real de Anjou y de Haut Poitou, comandado por Jacques Cathelineau,

Jean-Nicolas Stofflet, Charles de Bonchamps, Maurice Gigost d'Elbée, el conde de La Rochejaquelein y el marqués de Lescure;

- el Ejército del Centro, dirigido por Charles de Royrand (jefe vandeano, 1731-1793), Carlos Enrique, conde Sapinaud de la Rairie (1760-1829) y su tío, el caballero Louis Sapinaud de la Verrie (1738-1793);
- el ejército del País de Retz, a las órdenes de François Athanase Charette.

Los meses de abril y mayo todavía están marcados por las victorias vandeanas frente a las tropas de los generales Jean-François Berruyer (1741-1804) y François Leigonyer (1740-después de 1804). Los republicanos, debilitados y en inferioridad numérica, se baten en retirada frente a la marcha triunfal de las tropas vandeanas que se produce a lo largo de toda la primavera: Thouars cae el 5 de mayo, Parthenay 5 días más tarde y Saumur el 10 de junio, causando 400 muertes en las filas de los Azules (apodo que proviene del color del uniforme republicano) y unos 60 en el bando de los Blancos (por el color de la bandera de los realistas, que simboliza la monarquía).

En paralelo, la Convención endurece la represión

de los motines y envía a entre 40 000 y 70 000 hombres a luchar a la Vendée a partir de la primavera de 1793. El 29 de junio, las tropas de François Athanase Charette y, a continuación, las de Charles de Bonchamps, las de Maurice Gigost d'Elbée y las de Jacques Cathelineau llegan desordenadas a las carreteras que llevan a Nantes. El alcalde de la ciudad, René Gaston Baco de La Chapelle (1751-1800), respaldado por sus administrados, se niega a rendirse en el ultimátum que lanzan los sublevados unos días antes. Los guardias republicanos que han venido a defenderlo en seguida cuentan con el apoyo de los hombres de los generales Jean-Michel Beysser y Jean-Baptiste de Canclaux. A pesar de su gran superioridad numérica (50 000 vandeanos contra 12 000 republicanos), los vandeanos se baten en retirada, descoordinados y desmoralizados por la muerte de Jacques Cathelineau, que se produce durante el combate.

EL GIRO DE LA GALERNA

Rápidamente, la Convención moviliza sus fuerzas y envía al oeste a regimientos de élite, entre los que se encuentra el Ejército de Maguncia, liderado por Jean-Baptiste Kléber y François Séverin Marceau, que desfila en Nantes el 3 de septiembre de 1793. Con estas nuevas tropas y con la reorganización de los Ejércitos de las Costas de La Rochela y Brest nace el Ejército del Oeste. Tras la sorpresa y las vacilaciones, ha llegado la hora de acabar con la insurrección vandeana. Esta todavía se defiende y gana la batalla de Tiffauges (19 de septiembre de 1793) contra Jean-Baptiste Kléber y la de Montaigu (21 de septiembre) contra Jean-Michel Beysser. Pero, mientras que el 12 de octubre François Athanase Charette toma Noirmoutier, el 17 los 40 000 hombres de Maurice Gigost d'Elbée, de Charles de Bonchamps, de Jean-Nicolas Stofflet y del conde de La Rochejaquelein sufren una terrible derrota en Cholet.

| El conde de La Rochejaquelein en el combate de Cholet en 1793.

A primera hora de la tarde, los vandeanos avanzan masivamente hacia la ciudad y prenden fuego a las retamas para crear una espesa humareda entre los dos bandos, lo que impide que sus enemigos puedan apuntar correctamente. Los republicanos, que cuentan con algo más de 25 000 soldados, se repliegan durante un tiempo en la ciudad, lo que permite que Jean-Baptiste Kléber reorganice su dispositivo. Así, puede tomar por la retaguardia a los vandeanos que huyen hacia el Loira. Durante el asalto, Charles de Bonchamps resulta herido de muerte y fallece al día siguiente. Maurice Gigost d'Elbée, también herido, se queda en la marisma con François Athanase Charette, mientras que para las otras tropas vandeanas empieza un largo camino de 2 meses al norte del Loira. Esta marcha, apodada «el Giro de la Galerna», por el viento del norte, tiene como objetivo unir a la causa vandeana a Bretaña, a Mayena y a los ingleses, e incluso pretende dirigirse hacia París. Así, en la noche del 18 al 19 de octubre, el conde de La Rochejaquelein cruza el Loira con casi 100 000 combatientes y civiles.

EL GIRO DE LA GALERNA

El Giro de la Galerna no solo atañe a combatientes. En efecto, entre las casi 100 000 personas que cruzan el Loira hacia el norte en octubre de 1793, también estaban las familias de los soldados: mujeres, niños, ancianos y sacerdotes siguen al generalísimo en su camino. Entre ellos, está la señora de La Rochejaquelein, esposa del general de Lescure y, después, del hermano del generalísimo Henri de La Rochejaquelein. Ella cuenta esta odisea en sus *Memorias*, que redactará entre 1798 y 1803.

El Ejército realista alcanza nuevas victorias durante su largo camino hacia Granville: toma Laval el 22 de octubre y vence a los Azules en Entrammes, Fougères, Pontorson y Avranches. Pero cuando llega a Granville, sufre una importante derrota el 14 de noviembre. Dado que no disponen de ningún material de asedio, a los 25 000 hombres del conde de La Rochejaquelein y de Jean-Nicolas Stofflet les cuesta entrar en la fortaleza. Cuando un puñado de vandeanos lo logra, el miedo se apodera de ellos sin motivo aparente y se expande rápidamente al resto de tropas, que ya están decepcionados por la ausencia de los refuerzos británicos que tanto esperaban. Entonces, los Blancos se repliegan en Avranches. A pesar de las exhortaciones del conde de La Rochejaquelein, sus hombres ya no quieren avanzar y desean volver a la Vendée. Su voluntad se ve reforzada el 21 de noviembre cuando cerca de un millar de los suyos son masacrados por los republicanos en los alrededores de Avranches, cuando el Ejército del Oeste, reconstituido tras su derrota en Entrammes, afronta en Dol-de-Bretagne a las tropas vandeanas. Aunque los vandeanos obtienen algunas victorias frente a los republicanos en el camino de regreso, su estado físico y su moral se deterioran cada vez más. Las poblaciones de las regiones que atraviesan también se ensañan contra ellos, en parte por miedo a las enfermedades de las que son portadores (tifus y cólera). Por consiguiente, estas tropas agotadas, hambrientas y enfermas deciden seguir a Jean-Nicolas Stofflet, que desea tomar el camino de vuelta más corto. Su itinerario pasa por Angers, cuyo asedio, que han llevado a cabo 20 000 vandeanos contra 4000 republicanos, se salda con una dolorosa derrota para los sublevados. En Le Mans, el 13 de diciembre, los hombres de François Joseph Westermann (general francés, 1751-1794) y de François Séverin Marceau, seguidos por Jean-Baptiste Kléber, aplastan a los del conde de La Rochejaquelein.

| Cuadro de Jean Sorieul que muestra la batalla de Le Mans.

No obstante, este logra huir, pero muchas familias que se han quedado en la ciudad son masacradas durante 2 días, a pesar de que los generales republicanos intentan protegerlas, lo que causa entre 5000 y 10 000 víctimas. François Joseph Westermann persigue al Ejército Católico y Real, que huye, y masacra sistemáticamente a los que se van quedando atrás. 4000 vandeanos logran cruzar el Loira el 16 de diciembre, tras el conde de La Rochejaquelein y Jean-Nicolas Stofflet, antes de que los republicanos les corten el paso. Detrás de ellos dejan a unas 5000 personas, que se repliegan en Savenay y que vuelven a ser masacradas por las tropas de los generales franceses.

EL APLASTAMIENTO DE LA VENDÉE

François Athanase Charette y el Ejército del País de Retz también huyen ante las tropas republicanas, intentado llegar a la región de Anjou para reforzar sus tropas. Sin embargo, no logra convencer al marqués de La Rochejaquelein, cuyos hombres apenas superan los últimos acontecimientos. En el mes de enero de 1794, cuando intenta defender la isla de Noirmoutier con el apoyo de Maurice Gigost d'Elbée frente a las tropas del general François-Nicolas-Benoît Haxo, finalmente decide rendirse, con la condición de que se deje a sus hombres con vida. Confía en la palabra del general republicano y deja las armas. Pero los representantes en misión hacen caso omiso y ejecutan a todos los prisioneros. Entre ellos, se encuentra el general Maurice Gigost d'Elbée, que es fusilado el 6 de enero.

Desde el otoño de 1793, las tropas republicanas llevan a cabo una auténtica guerra de devastación y de destrucción total: tanto los vandeanos combatientes como los civiles son sistemáticamente masacrados; se queman las tierras, se saquean las ciudades. Las poblaciones, que son asoladas militarmente durante las batallas, también lo son con una política de represión cuyo objetivo es exterminar a todo individuo considerado sospechoso.

Entre noviembre de 1793 y febrero de 1794, en Nantes, el representante en misión Jean-Baptiste Carrier, preocupado por vaciar las cárceles llenas de insurrectos y de sacerdotes refractarios, ordena que se fusile a 6000 personas y manda ahogar a casi 4000 en el Loira. En Angers, Marie Pierre Adrien Francastel (1761-1831) se muestra igual de implacable. Decide despoblar la Vendée militar y convertirla en un desierto, y ordena la ejecución por fusilamiento y por decapitación de 3000 personas.

El general Louis-Marie Turreau, nombrado comandante del Ejército del Oeste en noviembre, llega al lugar a finales de diciembre y sustituye al general François Séverin Marceau. Su intención inicial era decretar la amnistía y la pacificación, pero dado que no obtiene ninguna respuesta por parte de la Convención, decide seguir la línea de conducta que esta última fija al principio: acabar con la Vendée. Puesto que no quiere tomar en solitario la decisión de masacrar no solo a los hombres, sino también a las mujeres y a los niños, pide el aval de los representantes en misión, que no se pronuncian. Por lo tanto, ante el silencio de las autoridades de la Convención, las 12 columnas que ha organizado cruzan de enero a finales de abril los territorios sublevados, en particular el Mauges y el País de Retz, incendiando los pueblos y exterminando a cualquiera que sea sospechoso de simpatizar con los Blancos. Las columnas infernales causan alrededor de 40 000 víctimas en 4 meses.

| Combates en las calles durante la guerra de la Vendée.

LOS ÚLTIMOS SOBRESALTOS

A pesar de ello, no se produce la destrucción esperada y la rendición completa de la Vendée. Las poblaciones que huyen de las columnas de Louis-Marie Turreau se unen a los jefes sublevados que se mantienen activos. Entonces, estallan enfrentamientos entre las tropas insurrectas y las columnas republicanas, en particular en la región de Cholet. El conde de La Rochejaquelein muere ahí el 28 de enero de 1794 y, el 8 de febrero, quien fallece es Jean-Nicolas Stofflet, que ha logrado tomar la ciudad. Louis-Marie Turreau, que considera que Cholet es el núcleo de la resistencia vandeana, entrega la región a la destrucción total.

Pero las cosas empiezan a cambiar en París y en la Convención: los métodos de represión que utilizan los representantes en misión y las columnas de Louis-Marie Turreau dividen a la opinión pública. Entonces, este último es suspendido en mayo, época en la que Jean-Baptiste Carrier también vuelve a París. Con la caída de Robespierre en julio de 1794, ya no domina el Terror en la política, sino la pacificación. En otoño, se juzga a los responsables de las masacres de Nantes y Jean-Baptiste Carrier es guillotinado el 16 de diciembre de 1794. Los representantes en misión son sustituidos, al igual que los jefes militares. A partir de ese momento, los generales Jean-Baptiste de Canclaux —de regreso tras una desgracia temporal— y Lazare Hoche, a la cabeza del Ejército del Oeste desde el mes de agosto de 1794, no cejan en su empeño de acabar con los abusos cometidos contra civiles, mientras siguen luchando contra los últimos Ejércitos vandeanos. Ahora, la nueva estrategia consiste en ganarse su confianza gracias a las amnistías, a las indemnizaciones, al restablecimiento de la libertad de cultos y a la exención de participar en las levas militares. De esta manera, las insurrecciones pierden su razón para existir y, el 17 de febrero de 1795, se firma un primer acuerdo de paz, el Tratado de la Jaunaie. Jean-Nicolas Stofflet, que se niega a participar, intenta de nuevo reclutar tropas, pero fracasa en su empresa y termina por firmar el acuerdo en mayo de 1795.

A pesar de todo, la insurrección vandeana todavía vive algunos sobresaltos: a partir del verano de 1795, François Athanase Charette retoma las armas. Sus esperanzas de que la monarquía sea restaurada recuperan fuerzas con la constitución de un nuevo ejército formado por los emigrados, a los que se autoriza a volver al territorio desde el mes de enero, gracias al apoyo de los británicos y al refuerzo de los chuanos. Pero son derrotados por Lazare Hoche durante la batalla de Quiberon. La expedición de la isla de Yeu, en la que François Athanase Charette debía unirse al conde de Artois, también se salda con un fracaso: como el conde no lo ve llegar, se va a Inglaterra y el jefe vandeano lo espera en vano. Jean-Nicolas Stofflet, que ha retomado las armas para la ocasión, continúa con las acciones bélicas, pero poco a poco los vandeanos abandonan a sus jefes, hostigados por las tropas de Lazare Hoche. Todos los hombres que lideran la insurrección terminan por caer: Jean-Nicolas Stofflet es arrestado el 24 de febrero de 1796 y es fusilado al día siguiente; el 23 de marzo, tras haber librado una última batalla junto a unos 50 hombres en La Guyonnière, François Athanase Charette se rinde y es fusilado en Nantes el 29 de marzo. De esta manera, la Vendée vuelve a recuperar la calma de forma progresiva.

REPERCUSIONES

NUEVOS MOTINES

Aunque la Vendée se pacifica en 1796, vuelve a sublevarse esporádicamente. Primero, en 1799, tras la anulación de las elecciones ganadas por los realistas y tras la represión de los sacerdotes refractarios. Sin embargo, en seguida se sofoca este motín con los esfuerzos aunados del general Guillaume Marie Anne Brune (1763-1815) y el primer cónsul Napoleón Bonaparte, lo que permite la firma de la paz en enero de 1800. En la primavera de 1815, la población vuelve a sublevarse contra Napoleón I durante los Cien Días (20 de marzo-22 de junio de 1815), esta vez con la ayuda de los chuanos.

20 años más tarde, cuando la duquesa de Berry intenta derrocar la Monarquía de Julio —que ha colocado en el trono a la rama benjamina de los Borbones— para favorecer a los legitimistas (partido a favor de la rama mayor), va hasta la Vendée, segura de obtener el apoyo del Ejército Católico y Real que ha vuelto a formarse para

la ocasión. La sublevación es un fracaso, pero la Vendée sigue siendo el símbolo del apego al Antiguo Régimen.

UN PUEBLO DIVIDIDO

Aunque la Vendée ofrece la imagen de un territorio unido en su oposición a la República, en la práctica la situación es claramente más compleja. En efecto, entre la población hay republicanos y personas que se niegan a tomar partido por alguna de las causas. Por lo tanto, desde el principio de la insurrección y de los ataques que los insurrectos cometen contra notables y autoridades republicanas, miles de personas huyen del escenario de combate. Estos refugiados de la guerra de la Vendée se instalan entonces en Saumur, Angers, Nantes, Niort e, incluso, más lejos en el territorio, lo que plantea la cuestión de la integración y, más adelante, la del regreso.

Además, cada etapa de la represión y de la pacificación de la Vendée contribuye a construir la joven primera República francesa. En primer lugar, porque la insurrección presenta el asunto del sentimiento nacional. Mientras París y algunas grandes ciudades están comprometidas con la Revolución y desean que las cosas cambien, la Vendée muestra el apego que gran parte de la población tiene por las antiguas estructuras locales arraigadas en su día a día. Frente a esta sublevación, que antes de ser realista está, sobre todo, en contra de una República que no aporta justicia y amenaza con destruir una sociabilidad articulada en torno al culto católico, la República no sabe cómo reaccionar al principio, sorprendida por lo que pensaba que solo serían revueltas campesinas y que se convierte en una guerra civil. Entonces, la Vendée se convierte en el símbolo de una revolución descarrilada, la del Terror, y el juicio de Jean-Baptiste Carrier es el de la República del año II por la de Termidor. Muestra lo difícil que es, por una parte, reunir a todo un pueblo alrededor de una misma perspectiva, ya sea política o religiosa y, por otra parte, definir un nuevo régimen y una nueva nación.

Para acabar, aunque el problema de la concepción del espíritu de la Revolución y sus medios de difusión —o de imposición— quedan resaltados violentamente con la guerra de Vendée desde sus inicios, lo cierto es que se extiende a lo largo de los siglos. Actualmente, la polémica en torno al tema de un genocidio vandeano saca de nuevo a la luz este episodio de la Revolución francesa. Aunque Gracchus Babeuf (1760-1797), revolucionario francés con ideas comunistas, habla a partir de 1794 de un sistema de despoblación utilizando los términos «pueblocidio» o «naciocidio», la noción de genocidio aplicada a la Vendée divide a los historiadores. Para algunos, entre los que se encuentra Reynald Secher (nacido en 1955) o Pierre Chaunu (1923-2009), la definición jurídica de genocidio se aplica por completo a la Vendée. Otros, como François Lebrun (1923-2013) o Jean-Clement Martin (nacido en 1948), refutan el discurso y el razonamiento histórico que llevan a cabo los primeros. Así, 2 siglos después de los hechos, la guerra de la Vendée sigue siendo un reto político y memorial de suma importancia.

el pintor Jacques-Louis David (1748-1825) deja para la posteridad la muerte de Joseph Bara (1779-1793), símbolo de la resistencia republicana a la ola realista del oeste. La leyenda cuenta que este joven de 14 años, hijo de un guarda de caza, habría muerto por los golpes propinados por los insurrectos respondiendo «Viva la República» a sus verdugos que le instaban a que gritara «Viva el rey».

EN RESUMEN

1789
Revolución francesa

1792
20 abr.: Francia declara la guerra a Austria; inicio de la guerra de la primera coalición
22 sept.: proclamación de la República

1793
21 en.: ejecución de Luis XVI
12 mar.: **levantamiento de Vendée**
29 jun.: batalla de Nantes
Oct.-nov.: Giro de la Galerna

1794
En.-may.: operaciones de las columnas infernales

1795
17 feb.: primer acuerdo de paz

1796
23 mar.: **final de la guerra de la Vendée**

1797
18 oct.: final de la guerra de la primera coalición

- La Francia revolucionaria reforma profundamente las estructuras sociales, religiosas y políticas de la sociedad, lo que suscita una oposición más o menos violenta.

- La nueva República, en guerra contra las monarquías europeas, recluta tropas masivamente entre una población cada vez más descontenta.

- En marzo de 1793, 2 meses después de la ejecución del rey Luis XVI y tras una leva militar ordenada por la Convención, la Vendée se subleva.

- Lideradas por Jacques Cathelineau, Jean-Nicolas Stofflet, Henri de La Rochejaquelein y François Athanase Charette, las tropas vandeanas luchan contra las republicanas de los generales Jean-Michel Beysser, Jean-Baptiste Kléber, Lazare Hoche y Louis Turreau.

- El 1 de agosto y el 1 de octubre de 1793, la Convención vota dos decretos de aniquilación de la Vendée militar.

- Tras el triunfo sobre los vandeanos, que efectuaban su «Giro de la Galerna», los representantes en misión, como Jean-Baptiste Carrier en Nantes o el general Louis-Marie Turreau, masacran a la población.

- Tras algunos sobresaltos, la Vendée es pacifi-cada. 2 siglos después de los hechos, vuelve la polémica sobre la guerra de la Vendée y surge la cuestión del genocidio.

¡Tu opinión nos interesa!
¡Deja un comentario en la página web de tu librería en línea,
y comparte tus favoritos en las redes sociales!

PARA IR MÁS ALLÁ

FUENTES BIBLIOGRÁFICAS

- Biard, Michel, Philippe Bourdin y Silvia Marzagalli. 2009. *1789-1815. Révolution, Consulat, Empire. Histoire de France*. París: Belin.

- Gabory, Émile. 2009. *Les guerres de Vendée*. París: Robert Laffont.

- Martin, Jean-Clément. 1998. *Contre-Révolution, Révolution et Nation en France. 1789-1799*. París: Seuil, colección *Points Histoire*.

- Martin, Jean-Clément. 2007. *La Vendée et la Révolution*. París: Perrin, colección *Tempus*.

- Petitfrère, Claude. 1981. *La Vendée et les Vendéens*. París: Gallimard/Julliard.

- Petitfrère, Claude. 1981. *Les Vendéens d'Anjou*. París: Bibliothèque Nationale de France.

- Rolland-Boulestreau, Anne. 2004. *Les notables des Mauges. Communautés rurales et Révolution (1750-1830)*. Rennes: Presses universitaires de Rennes.

- Tilly, Charles. 1970. *La Vendée. Révolution et contre-révolution*. París: Fayard.

FUENTES COMPLEMENTARIAS

- Babeuf, Gracchus. 2008. *La guerre de Vendée et le système de dépopulation*. París: Cerf.

- Biard, Michel. 2005. "L'avant-guerre de Vendée. Les questions religieuses à l'Assemblée législative". *Annales historiques de la Révolution française*, n.° 339, 162-164. Consultado el 20 de julio de 2017. http://ahrf.revues.org/2168

- Hervé, Bruno. 2011. "Noyades, fusillades, exécutions: les mises à mort des brigands entre justice et massacres en Loire-Inférieure en l'an II". *La Révolution française*. 13 de enero. Consultado el 20 de julio de 2017. http://lrf.revues.org/209

- Hippler, Thomas. 2013. "Service militaire et intégration nationale pendant la Révolution française". *Annales historiques de la Révolution française*, n.° 329, 1-16. Consultado el 20 de julio de 2017. http://ahrf.revues.org/662

- Lebrun, François. 1985. "La guerre de Vendée: massacre ou génocide?". *L'Histoire*, n.° 75, 93-99. Consultado el 20 de julio de 2017. http://ahrf.revues.org/662

- Lebrun, François. 1986. "Reynald Sécher et les morts de la guerre de Vendée". *Annales de Bretagne et Pays de l'Ouest*, n.° 3, 355-360.

- Martin, Jean-Clément. 2000. "À propos du 'génocide vendéen'. Du recours à la légitimité de l'historien". *Sociétés contemporaines*, n.º 39, 23-38.

- Martin, Jean-Clément. 1997. "Sur le traité de paix de La Jaunaye, février 1795. Les conditions d'un compromis". *Annales de Bretagne et Pays de l'Ouest*, n.º 104, 73-88.

- Sécher, Reynald. 2006. *La Vendée-Vengé. Le génocide franco-français*. París: Perrin.

- Petitfrère, Claude y Myriam Masse. 1992. "Les réfugiés de la 'Vendée' à Angers (1793)". *Annales de Bretagne et Pays de l'Ouest*, tomo 99, n.º 4, 371-381.

FUENTES ICONOGRÁFICAS

- Cuadro de Jules Girardet de 1882 que muestra cómo el general Lescure, herido, cruza el Loira. La imagen reproducida está libre de derechos.

- Cuadro que muestra las masacres de Machecoul, pintado por François Flameng (1856-1923) en 1884. La imagen reproducida está libre de derechos.

- El conde de La Rochejaquelein en el combate de Cholet en 1793. La imagen reproducida está libre de derechos.

- Cuadro de Jean Sorieul que muestra la batalla de Le Mans. La imagen reproducida está libre de derechos.

- Combates en las calles durante la guerra de la Vendée. La imagen reproducida está libre de derechos.

LITERATURA

- Bernet, Anne. 2000. *Monsieur de Charette*. París: Perrin

- de Chateaubriand, François-René. 1848-1850. *Memorias de ultratumba.*

- de La Rochejaquelein, Marie-Louise-Victoire. 1814. *Mémoires (1772-1857).*

- Hugo, Victor. 1874. *Noventa y tres.*

- Ragon, Michel. 1983. *Les Mouchoirs rouges de Cholet.*

- Sand, George. 1867. *Cadio.*

- Verne, Julio. 1864. *El conde de Chanteleine.*

MUSEOS Y EDIFICIOS CONMEMORATIVOS

- El Historial de Vendée, en Les Lucs-sur-Boulogne, Francia.

- El Logis de la Chabotterie (lugar donde fue encarcelado Charette), en Saint-Sulpice-le-Verdon, Francia.

- El Museo de Arte e Historia, en Cholet, Francia.

- El Museo del castillo de Noirmoutier, en Noirmoutier-en-l'Île, Francia.

- El recorrido histórico señalizado en la ciudad de Montaigu, Francia.

- El refugio de Grasla (reconstitución de la vida de los refugiados en el bosque durante el invierno de 1794), en Les Brouzils, Francia.